xtrait de l'INDUSTRIEL DE LA CHAMPAGNE *du 1er Septembre* 1847.

COMPTE-RENDU

DU

BANQUET RÉFORMISTE

Qui a été donné à Rheims, au Jardin Besnard,

LE MARDI 31 AOUT 1847.

Le banquet qui vient d'avoir lieu au jardin Besnard, où s'é-
taient réunis près de quatre cents convives, prendra sa place au
rang des manifestations les plus imposantes et les plus solen-
nelles en faveur de la réforme électorale. Une assemblée nombreuse, une animation vive, un ardent patriotisme, ont fait de
cette soirée une des pages les plus remarquables des annales politiques de notre ville. Le calme et la modération, qui sont les
garanties de la dignité, n'ont pas cessé de régner un seul instant et ont ajouté encore à la satisfaction générale. C'était l'enthousiasme réfléchi, c'était la puissance d'une assemblée qui
sent sa force et manifeste sa volonté dans la limite de ses droits
et avec le sentiment de ses devoirs. On peut dire que de pareilles
réunions sont des fêtes nationales, des événemens heureux qui
rehaussent le caractère d'un peuple et lui impriment l'élan, lui
rendent la foi nécessaire pour travailler à la réalisation d'un avenir plein de promesses et hâter l'heure d'une régénération complète. De ces momens de communion, l'esprit reçoit une vigueur
inaccoutumée. Nous gardons tous d'une émotion profonde des
traces impérissables. Il résulte de cette cordialité franche le be-
soin de la fraternité et l'amour du pays. C'est par ces sentimens
fortement empreints dans les cœurs que la France se distingue
des autres nations et propage et fait dominer ses idées. Elle
n'imprime à tout la vie et le mouvement, elle n'entraîne l'Europe sur ses pas que grâce à cette chaleur d'âme, à cette spon-
tanéité qui naissent des grandes assemblées où toutes les intel-
ligences se mettent en contact, et se fondent en une même et
éblouissante lumière. Ces réunions, ces banquets renouvelés fré-
quemment, et sur tous les points du territoire, démontrent assez
qu'on ne détruira jamais en France cet esprit public qui fait

1847

notre force. Le banquet auquel nous venons d'assister aura du retentissement parmi les manifestations patriotiques qui se multiplient et protestent, dans toutes les grandes villes du royaume, contre les efforts malheureux d'un système corrupteur qui ne pouvait triompher que pendant des jours d'indifférence et d'isolement, mais qui perd sa fatale influence devant la communion de ces idées d'honneur et de patrie.

Ce n'est pas sans une profonde et vive émotion que nous cherchons à traduire ici l'enthousiasme qui animait l'assemblée. L'hymne national, ce chant immortel qui a retenti sur nos champs de bataille et dans toutes les capitales de l'Europe, a remué nos âmes. Il semblait que tous les échos nous renvoyaient encore les cris triomphans de ces vieilles phalanges qui ont élevé si haut la gloire du nom français. Des applaudissemens unanimes, des bravos partis du cœur ont, à cinq reprises différentes, accueilli LA MARSEILLAISE, et, aux alentours du jardin, la foule chantait en chœur le glorieux refrain. Plusieurs orateurs ont pris la parole, et, pendant qu'ils traduisaient par un langage énergique et coloré les émotions et la pensée communes, on entendait au loin ce chant grave et solennel du peuple. Nous avons compris que nous assistions à une fête de la liberté. Nous sommes fiers de l'ordre et du sentiment des plus délicates convenances qui présidaient à une pareille fête. Une assemblée qui se réunit sous l'empire d'une conviction sincère et dans un noble but, ne laisse aucune place à la confusion et au désordre. La présence des autorités, avec leur cortége d'habits galonnés, n'est pas nécessaire pour le maintien du calme et du respect que chacun doit à tous et à soi-même. Aucun représentant du pouvoir, aucun dépositaire de la force publique n'avait apporté le prestige des titres, l'autorité des noms ou les menaces de la répression. L'ordre n'en a pas à souffrir. parce que, malgré les déclamations intéressées des défenseurs d'un système aux abois, on aime les habitudes de la paix et le bien-être qui en est la suite. On veut le progrès, on réclame des réformes, afin de sauvegarder la liberté, afin d'éloigner les révolutions violentes, afin d'établir sur des bases solides un système de gouvernement qui nous donne une paix féconde à l'intérieur, une paix glorieuse au dehors.

Telle est la tendance des banquets réformistes, qui se passent à Rheims, comme dans les autres cités, de manière à satisfaire les esprits ardens qui veulent réveiller l'enthousiasme au profit des conquêtes de la révolution, et les esprits calmes qui veulent le maintien de la paix publique.

5

Le président du banquet réformiste, M. E. Dérodé, s'est levé et a parlé en ces termes :

« Messieurs,

» Avant tous autres toasts, et au nom du comité électoral, j'ai l'honneur de porter la santé du roi.

» D'origine populaire, la dynastie de juillet est parmi nous l'expression la plus haute du dogme sacré de la souveraineté nationale : l'honorer, c'est honorer la nation elle-même...

» Sans doute, le pouvoir a commis bien des fautes : le roi n'en saurait porter la peine... Chef inviolable, il règne et ne gouverne pas ; telle est la présomption de la loi. Que si la présomption était menteuse, aux ministres seuls la responsabilité de cette périlleuse infraction au principe fondamental du pacte constitutionnel !!

» Pour nous, qui voulons des réformes et non des révolutions, montrons, en adressant au roi notre premier toast, que, bien résolus à poursuivre avec une fermeté inébranlable la réalisation de tous les progrès légitimes, nous laissons la royauté constitutionnelle dans la sphère inaccessible où la charte de 1830 l'a placée. Serrons-nous autour du drapeau commun : la charte ! N'oublions, ni la stérilité des efforts de nos oppositions trop longtemps divisées, ni la force que les libéraux de la restauration ont puisée dans leur union d'abord, et ensuite dans leur respect pour le prince jusqu'au jour où les fatales ordonnances les ont déliés de leur serment.

» Oui, faisons entendre un cri de réprobation contre la politique ministérielle (applaudissemens), cette politique d'égoïsme et de corruption au-dedans, de faiblesse au-dehors ou de connivence coupable avec les gouvernemens absolus... (Applaudissemens.) Mais cette réprobation, gardons-nous de l'élever jusqu'au trône, et d'ouvrir témérairement une ère nouvelle de révolutions... Notre forme de gouvernement est compatible avec tous les progrès.

» Que le parlement soit la représentation fidèle de l'opinion publique, et les obstacles s'aplaniront sans secousse, les folies qui ont perdu la branche aînée ne se renouvelleront pas !

» Au roi, messieurs, au roi constitutionnel ! ! »

La physionomie de l'assemblée est très-animée. Les paroles de M. Dérodé obtiennent d'énergiques approbations ; des cris de vive le roi constitutionnel ! se font entendre.

Le président donne la parole à M. Léon Faucher. Une triple salve d'applaudissemens accueille le député de Rheims. Nous ne pouvons donner qu'une idée bien imparfaite de l'émotion causée par les paroles de M. Faucher. L'assemblée tout entière émue, impressionnée par le discours du député, battait des mains à chaque instant. Essayons de donner une esquisse de ce discours :

« Messieurs,

» La réunion imposante que j'ai sous les yeux atteste les progrès de l'esprit public en France. Elle donne un démenti bien énergique à ceux qui prétendent que nous ne sommes pas mûrs pour la liberté. Oui, vous pouvez entonner la *Marseillaise* avec l'enthousiasme de 89, et signer en sortant d'ici, avec le calme mais aussi avec la résolution d'hommes qui s'appuient sur leur droit, la pétition en faveur de la réforme électorale. On ne s'assemble plus, Dieu merci, dans ce pays, sur la place publique pour faire une révolution ou une émeute, on ne va plus se réfugier dans l'ombre pour conspirer ; on se réunit pour mettre des opinions en commun, pour se livrer à cette agitation légale qui est la vie, qui est la circulation du sang dans le système représentatif. (Applaudissemens.)

» C'est dans l'enfance des gouvernemens constitutionnels que les peuples, pour trancher les difficultés, en appellent à la violence. Mais quand les nations ont grandi, quand elles sentent leur force, elles ne sont pas tentées d'en abuser, ni d'en faire parade à tout propos. Elles s'adressent à la raison et non aux frayeurs du pouvoir. Elles préparent l'opinion publique, sachant bien que l'opinion publique, quand elle parle à haute et intelligible voix, est toujours obéie. Oui, messieurs, l'agitation légale est l'arme des peuples qui ont atteint l'âge de la virilité.

» Vous allez émettre le vœu d'une réforme électorale. Vous l'obtiendrez, parce que vous voulez l'obtenir. Ne l'oublions pas, messieurs, nous sommes nos maîtres. Le principe de la souveraineté nationale est écrit dans la charte ; montrons qu'il a aussi pénétré dans nos mœurs. A d'autres époques, on a réclamé un changement dans la loi d'élection ; mais la tiédeur de la démonstration, le défaut de suite, et surtout la division qui s'introduisit parmi les opinions réformistes, paralysa leurs efforts. Mettons aujourd'hui de l'énergie, de la persévérance dans nos réclamations ; soyons unanimes, travaillons à persuader l'opinion publique, et quand nous l'aurons de notre côté, complètement de notre côté, alors, ni la majorité des chambres, ni le ministère, ni le système qui se dit immuable, je ne connais pas de force au monde qui puisse nous résister. (Applaudissemens prolongés.) Il faut que les partisans de la réforme électorale envoient cette année deux mille pétitions à la chambre ; si ce n'est pas assez, l'année prochaine nous en apporterons dix mille. On nous a refusé la réforme en 1839 ; nous l'aurons, si le peuple la veut, en 1848. (Applaudissemens.)

» Mais la réforme électorale, messieurs, est-elle aujourd'hui nécessaire? Jetez les yeux sur le pouvoir et considérez l'état du pays. La machine parlementaire craque de toutes parts; tous les ressorts du gouvernement sont usés ou se détendent. A aucune époque, dans aucune contrée, l'administration, avec de plus grandes ressources, n'a donné de plus pitoyables résultats. (Applaudissemens.) Chaque année, le recrutement appelle quatre-vingt mille hommes sous les drapeaux; l'armée est nombreuse, intelligente, brave et dévouée à la France. Eh bien ! en dépit de cet effectif formidable, notre gouvernement n'exerce aucune influence dans les conseils de cette Europe, que notre nom seul a longtemps fait trembler. Le revenu public, suivant les progrès de la richesse et du travail, s'élève aujourd'hui à près de quatorze cents millions. Le peuple français est peut-être celui qui acquitte l'impôt le plus lourd, qui le paie le plus aisément et avec le dévouement le plus entier : lui rend-on cependant en grandeur, ou même, pour former des vœux plus modestes, en ordre et en sécurité, ce qu'il donne en sacrifices? Loin de là, messieurs. Le régime peut se caractériser d'un mot : c'est le désordre le plus complet joint à la corruption, à l'abaissement et à l'impuissance. (Applaudissemens.) La majorité elle-même commence à se fatiguer du rôle qu'elle joue. En votant pour les ministres, elle leur signifie que le système du ministère ne peut pas durer, et que son obéissance est à bout, comme l'est depuis longtemps la patience publique. Prenons acte, messieurs, des tristes aveux de nos adversaires. Ils ont voulu fausser l'esprit public, gouverner pour eux seuls, et par contre-coup, ils ont dénaturé, énervé le gouvernement jusqu'à le mettre hors de service. (Adhésion et applaudissemens.)

»La majorité croit peut-être en être quitte en remplaçant quelques hommes et en badigeonnant le système. Nous, messieurs, pour réparer le mal qui a été fait, nous devons nous adresser à la cause. Nous avons un mauvais gouvernement, parce que la majorité de la chambre ne représente pas la majorité du pays; et la composition de la chambre tient aux vices du système électoral. Il faut donc changer la loi d'élection ; cette réforme comprend toutes les autres. (Adhésion et applaudissemens.)

» La loi de 1831 a deux grands défauts : elle n'assure pas aux lumières la prépondérance qui leur appartient, elle exclut même la capacité comme principe ; j'ajoute qu'elle n'assure pas mieux l'indépendance du corps électoral.

» Le corps électoral doit admettre les deux élémens essentiels de tout ordre social, la propriété et la capacité intellectuelle. En le réduisant à un seul élément, on en bannit l'émulation et la vie. La richesse a bien assez de la puissance matérielle; n'y ajoutons pas l'orgueil que donne le droit exclusif. Chez tous les autres peuples constitutionnels, l'intelligence est plus ou moins représentée. En Allemagne, les ministres se recrutent parmi les professeurs des universités; en Angleterre, les universités ont leurs représentans dans la chambre des communes. Chez nous, les membres de l'institut eux-mêmes ne sont pas électeurs de plein droit; on les a tarifés à un demi-cens. Des hommes tels que M. Cousin, qui peuvent être appelés à la pairie, ne sont pas électeurs. Des écrivains qui honorent, qui éclairent et qui illustrent leur pays, ne jouissent pas de ces droits politiques que confient à tant d'autres une patente, une maison, ou un coin de terre !

» Les conservateurs eux-mêmes commencent à être honteux de cette exclusion ; ils nous accorderaient volontiers, je le crois, l'adjonction aux listes électorales des citoyens portés sur la deuxième liste du jury. Je déclare qu'une pareille concession ne peut plus me satisfaire. Le principe de la capacité doit être placé dans notre code électoral sur le même rang que le principe de la propriété. Cette égalité de situation est nécessaire à leur sécurité mutuelle. Si l'on admet l'intelligence comme un titre, j'en réclame l'application la plus étendue. (Applaudissemens.)

» Le nombre des électeurs est partout une condition d'indépendance. On l'a jugé ainsi, même dans les contrées où le pouvoir a un caractère en quelque sorte municipal, où l'autorité ne procède pas du centre et réside dans les localités. A plus forte raison, cela est-il nécessaire avec un système de gouvernement tel que le nôtre, lorsque le corps électoral, dispersé par petits groupes sur la surface du territoire, se trouve en présence d'un pouvoir qui dispose de toutes les forces, de toutes les ressources réunies en faisceau sous sa main. Quand la centralisation est d'un côté, et deux cent mille électeurs de l'autre, il n'y a pas de liberté possible. Un gouvernement, qui est à la tête de deux cent mille emplois, agissant sur les électeurs fonctionnaires par l'intimidation, et par la séduction sur les électeurs qui veulent devenir fonctionnaires, est irrésistible de tous points. Avec notre système électoral, la majorité sera toujours ministérielle, quel que soit le ministère; la volonté du pouvoir s'imposera infailliblement au pays légal ; la volonté réelle du pays ne sera jamais représentée. Ainsi donc, point de milieu : il faut augmenter largement le nombre des électeurs, ou renoncer à cette centralisation, qui est dans les nécessités, qui est le génie même de la France. (Applaudissemens.)

» Quand on a promulgué la loi de 1831, cette loi qui avait été bâclée dans les ténèbres, à travers bien des tâtonnemens et en face de l'inconnu, on nous a déclaré, pour obtenir quelque trève du mécontentement général, que cette loi n'était que provisoire. Un peu plus tard, lorsque, prenant acte des défauts que ses auteurs eux-mêmes lui reconnaissaient, nous demandions à la mettre en rapport avec les progrès de la société, on nous répondait : « Attendez quelques années ; l'expérience n'est pas encore faite. » Cette réponse n'est plus possible aujourd'hui. Après seize ans d'application, après six élections générales, après que le système de gouvernement protégé par cette loi est arrivé à l'état de marasme dans lequel nous le voyons et où il entraîne le pays avec lui, l'expérience me paraît complète, et nous avons, je pense, le droit de dire : « C'est assez. » (Oui ! oui !—Applaudissemens.)

» Nous le disons avec conviction, avec indignation, avec honte, et qu'on n'imagine pas nous détourner de cette inébranlable volonté en nous opposant l'inaction et la ruse. On compte, je le sais, sur quelque revirement, ou même, à défaut, sur quelque lassitude de l'opinion publique. On dit : « La furie française est irrésistible au premier choc ; mais laissons-la passer, et cet éclair, qui nous effrayait, ne sera qu'une lueur éphémère. » Vous déjouerez ce calcul, messieurs, vous montrerez qu'une génération formée dans les luttes du gouvernement constitutionnel, a des vertus qui manquaient à ses pères. Pour emprunter une image à l'antiquité, votre résolution sera le feu sacré qui ne doit pas, qui ne peut pas s'éteindre. (Applaudissemens.)

» Messieurs, mes vœux de réforme sont très-modérés pour le présent ; pour l'avenir ils sont presque sans bornes. Je veux que la loi prenne la société au point où la société s'arrête aujourd'hui ; mais j'envisage les destinées de notre belle patrie avec les plus vastes espérances. Le jour ne me paraît pas éloigné où, grâce à la diffusion des lumières et de l'aisance dans tous les rangs, les progrès se compteront, non pas par siècles, non pas même par générations, mais par années. La loi électorale, restreinte même après la réforme, doit s'élargir graduellement jusqu'à embrasser toutes les forces vives du pays.

» On dit beaucoup que le pouvoir appartient à la classe nne, et qu'elle seule est habile à régler nos destinées. On le dit, mais le pouvoir ne semble guère, jusqu'à présent, avoir mis cette maxime en pratique. Dans les premières années de la restauration, le corps politique ne comptait que soixante mille électeurs; ce n'était pas là, assurément, toute la classe moyenne. Vers la fin de ce régime, le nombre des électeurs s'élevait à quatre-vingt-dix mille : était-ce tout? Non pas même alors. Aux électeurs de la restauration, la loi de 1831 donna quelques compagnons nouveaux, pour me servir de l'énergique expression de M. Royer-Collard; mais on ne me démentira pas si je dis qu'il y en avait bien d'autres qui valaient ceux-ci, et que le législateur avait pourtant laissés à la porte.

» Nous voulons, messieurs, à notre tour, donner des compagnons aux électeurs de 1831; nous voulons donner, non pas par un vain artifice de langage, mais bien réellement et en fait, le gouvernement du pays à la classe moyenne. Nous sommes pleins de confiance dans son avenir. Nous croyons que les aristocraties ne sont pas douées seules des qualités qui sont les titres au pouvoir en ce monde. Nous pensons que la classe moyenne peut rendre à la société de nos jours les mêmes services que l'aristocratie féodale rendit à la société du moyen-âge, en la constituant et en la défendant.

» Mais lorsque la classe moyenne possédera le gouvernement, nous lui dirons : « Souvenez-vous que, si vous êtes le pouvoir, vous n'êtes pas le pays, que vous ne faites que représenter le pays ; que derrière votre phalange, si nombreuse qu'elle soit, il reste une armée presque innombrable, celle des classes laborieuses, qui vous confie ses intérêts et qui vous charge de ses destinées. (Applaudissemens.) Plus vos droits vont être étendus, plus vos devoirs seront grands. Le pouvoir vous a été remis, non pour vous seuls, mais aussi dans l'intérêt de ceux qui ne sont pas représentés. (Applaudissemens.) Vous avez charge d'âmes ; vous êtes l'instrument de la providence pour établir un ordre meilleur. Considérez le gouvernement comme un mandat et non pas comme une propriété. Vous êtes arrivés les premiers : tendez la main à ceux qui vous suivent et qui doivent monter à leur tour. (Applaudissemens prolongés.)

» A la réforme électorale, messieurs, qui comprend toutes les réformes ! »

Après le député de Rheims, le député de l'arrondissement de Sainte-Ménéhould, M. Pérignon, a pris la parole. L'assemblée a salué en lui le plus ancien défenseur, à la chambre, de la cause constitutionnelle pour notre département ; on a salué le député honnête et consciencieux, l'homme qui, pendant quelque temps, s'est trouvé seul de la députation de la Marne dans les rangs de l'opposition. M. Pérignon, parti le jour même de Châlons, après la séance du conseil-général, venait s'asseoir à notre banquet réformiste, et il s'exprimait ainsi :

« Je me suis fait un devoir et un plaisir de me rendre à l'invitation que m'a fait l'honneur de m'adresser le comité électoral de l'opposition constitutionnelle de la ville de Rheims.

» J'avais des droits à cette honorable invitation, car je suis de ceux qui pensent que notre gouvernement est dans une mauvaise voie, et qu'il est du devoir des bons citoyens de le lui dire et de le lui rappeler énergiquement.

» Depuis sept années, nous dévions chaque jour davantage des principes proclamés en 1830. Il est temps d'y revenir.

» Je m'associe donc de tout cœur à toute réforme progressive et modérée à la fois qui, ramenant parmi nous le culte de la *probité* et de la *conscience politiques*, reniera la funeste devise : *Enrichissez-vous*, et inscrira sur sa bannière : *Conscience et probité*. C'est la devise des bons citoyens ; c'est la vôtre ; c'est la mienne.

. » Député de la Marne depuis dix ans, comme mon regrettable collègue et ami Houzeau-Muiron j'ai constamment protesté contre des tendances funestes, et le ferai aujourd'hui plus encore que jamais avec mon honorable et nouveau collègue, M. Léon Faucher.—A la conscience et à la probité politiques ! »

Ce toast, qui ne pouvait rencontrer un plus digne pour le porter, a été accueilli par des bravos unanimes, et M. le président a donné ensuite la parole à l'un de nos plus honorables et de nos plus honorés concitoyens, à M. Demaison-Henriot, dont voici le toast :

« A la réforme administrative !

» Elle seule pourra mettre un terme aux scandales qui viennent chaque jour nous affliger.

» Elle seule fera cesser ce que le ministère appelle l'abus des influences, mais ce qui, en réalité, n'est autre chose que la corruption érigée en système gouvernemental.

» Hâtons de tous nos vœux le jour où les fonctions administratives seront confiées au mérite, et non à la faveur ou à l'intrigue. (Applaudissemens.)

» Hâtons de tous nos vœux le jour où l'avancement, qui n'est dans la main des ministres qu'une monnaie affectée au paiement des services électoraux, ne sera plus accordé qu'au travail, à l'intelligence et à la probité. » (Applaudissemens.)

Le cinquième toast a été porté par M. Magloire Leroux, un

de nos anciens chefs de la légion de la garde nationale, et dont nous attendons avec impatience le retour au commandement de la légion :

« A la France, à notre belle patrie. Puissions-nous, par la persévérance et l'énergie de nos efforts, purifier cette atmosphère de corruption et d'intrigue, dans laquelle semblent s'éteindre les sentimens d'honneur et de patriotisme qui naguère faisaient du peuple français le premier peuple de l'Europe. Que les mots sacrés : « Honneur et patrie » soient toujours et en toutes circonstances l'expression de notre pensée, le mobile de toutes nos actions. N'oublions jamais que, de même que l'union fait la force, le véritable patriotisme fait le bon citoyen, l'homme vertueux. (Applaudissemens.) Vive la France ! vive l'honneur ! » Cris que répète l'assemblée.

M. le président donne ensuite la parole à M. Carpentier fils, qui porte le toast suivant :

« A la garde nationale !

» N'oublions jamais ces temps héroïques où elle prend son origine, où elle avait pour chef le héros des deux mondes. Conservons religieusement la seule institution qui nous reste entière de ce pénible et glorieux enfantement de nos pères, de notre immortelle révolution de 89.

» Sur notre drapeau, on a inscrit ces mots : « Liberté, ordre public. » Ajoutons-y ceux-ci qui, en des temps moins sceptiques, électrisaient les cœurs : « Honneur et patrie. » N'oublions jamais, dans nos projets de réforme électorale, que la milice citoyenne est la plus vigilante gardienne de nos libertés.

» Comprenons bien notre devoir ; soyons fidèles à notre devise : « Que l'ordre soit maintenu, mais que nos libertés ne soient jamais sacrifiées. » (Applaudissemens.) Nous sommes armés contre les émeutes, nous le sommes aussi contre les pouvoirs réactionnaires. » (Applaudissemens répétés.)

Après M. Carpentier, la parole a été donnée à M. Rousseau-Lemaire, de Villers-Franqueux, qui s'est exprimé en ces termes :

« Parmi les graves reproches que l'opinion publique adresse au ministère actuel, il en est un que je ressens plus vivement : c'est celui d'avoir voulu pervertir la nation. S'il avait réussi, d'une nation loyale et généreuse il aurait fait un peuple cupide. Nous aurions abdiqué toutes les nobles inspirations de l'âme pour ne chercher à satisfaire que des passions égoïstes.

» L'histoire, sans doute, flétrira toutes les fautes que le gouvernement a commises dans la politique extérieure, mais elle réservera ses termes les plus énergiques pour flétrir la corruption que

l'on voulait infiltrer dans tous les rangs de la société. (Applaudissemens.)

» A la chute d'un ministère qui n'a su gouverner qu'en satisfaisant aux plus mauvaises passions ! A l'inauguration d'un système de gouvernement honnête ! » (Bravos répétés.)

M. Edouard Henriot a dit :

« Au progrès de la liberté en Europe !

» Puisse-t-elle s'établir sur des bases inébranlables en Prusse,
et de là s'étendre sur toute l'Allemagne , pour la préserver de
l'envahissement des barbares du nord et du sort de l'héroïque
et infortunée Pologne! (Double salve d'applaudissemens.)

» Puisse cette liberté prévaloir aussi en Espagne et en Portu-
gal, et en bannir les dissensions civiles et les déchiremens inté-
rieurs !

» Puisse-t-elle enfin , maintenant qu'elle est invoquée par le
souverain le plus éclairé de toute l'Italie et le plus libéral de
l'Europe, la régénérer, cette Italie qui fut jadis le berceau de la
liberté en Occident, et la délivrer sans retour du joug odieux du
gouvernement autrichien, cet autre bourreau de la Pologne!
(Bravos unanimes, applaudissemens prolongés.)

» A l'immortel Pie IX ! ! ! Appelons de tous nos vœux le succès des efforts tentés par cet auguste pontife , dont la haute sa-
gesse et l'ardente charité rappellent si bien aux puissances de la
terre et au monde entier les plus sublimes maximes du Christ.
(Adhésion et applaudissemens répétés.)

» A la liberté européenne ! ! »

Ces paroles ont produit la plus grande sensation sur l'assemblée. L'estime et l'amitié que portent à l'honorable M. Edouard
Henriot tous ceux qui le connaissent, et le plaisir que l'on éprou-
vait de voir si chaleureusement exprimée l'opinion que tout le
monde entier a conçue du souverain pontife, ont électrisé tous les
cœurs ; de nombreuses salves d'applaudissemens ont succédé à
cet énergique toast.

C'est en ce moment que M. Adolphe David, s'emparant de
l'attention de l'assemblée, porte un toast à M. Léon Faucher.
Les acclamations les plus vives lui répondent. Nous ne pouvons
donner une idée du bonheur avec lequel M. Adolphe David s'est
exprimé. Il a su toucher et transporter ses auditeurs. Vivement
ému lui-même de la manifestation qu'il avait sous les yeux, il a
pris acte de ce réveil du patriotisme, de cette renaissance à la
vie politique qui s'opérait avec tant d'éclat dans notre intelligente
et laborieuse cité, et il a proclamé l'alliance indissoluble qui
s'était formée entre Rheims et M. Léon Faucher. Rappelant en-

suite un souvenir impérissable, le souvenir de M. Houzeau-
Muiron, de cet homme, l'honnêteté, la vertu, l'honneur mêmes,
M. David s'écriait, aux applaudissemens universels : « Avons-
nous, dans ces instans de stupeur où nous apprenions sa mort,
avons-nous jamais espéré pouvoir le remplacer ? Eh bien, maintenant, ne pouvons-nous pas dire que le successeur que nous lui
avons donné est son continuateur ? » Cet éloge, heureusement
délicat, de M. Faucher a été vivement senti, et la voix de l'assemblée a confirmé ces mots de M. David, qu'entre Rheims et
son député, il y avait dès-lors une alliance indissoluble. Essaie-
rons-nous maintenant d'analyser froidement cette brillante im-
provisation de M. David, et nos lecteurs retrouveront-ils sur le
papier l'accent, le geste de l'orateur? Certainement non; aussi ne
publierons-nous que ce que notre fugitive mémoire nous rappelle du texte même de ce discours :

« A Monsieur Léon Faucher, le continuateur de Houzeau-
Muiron, le digne représentant de la ville de Rheims ! (Salves d'applaudissemens.)

» Messieurs, votre attitude en ce moment solennel, l'expression si sympathique de vos physionomies, les applaudissemens
unanimes qui viennent d'accueillir le toast que j'ai l'honneur de
vous proposer, tout cela est plus éloquent que les paroles que je
pourrais prononcer. Je renonce à exprimer suffisamment ce que
nous ressentons tous en ce moment.

» Jamais spectacle plus grand ne me fut offert que celui qui est
sous mes yeux : il atteste le progrès de l'esprit public en notre ville.

» Je ne puis, messieurs, parler des progrès de l'esprit public à
Rheims, sans qu'à l'instant même un nom, qui est dans nos pen-
sées à tous, arrive à mes lèvres : c'est celui de Houzeau-Muiron.
(Applaudissemens.)

» C'était un homme, en effet, qui, doué de facultés prodigieu-
ses, était appelé à être une des gloires de la France, comme il a
été et restera une des gloires de la cité. Son amour pour le pays
égalait seul son activité et son intelligence. Cet homme, fidèle
au sentiment du devoir jusqu'à lui sacrifier ses jours, avait compris que l'œuvre principale de sa vie était de faire naître et
d'entretenir partout autour de lui les idées de dévouement au
pays et d'abnégation personnelle. Son souvenir est gravé
d'une manière impérissable dans nos cœurs ; il est encore pour
nous l'idéal réalisé du digne représentant du pays. M. Léon
Faucher, et c'est sa gloire, ne nous fera jamais oublier Houzeau-Muiron; il nous le rappelle, au contraire, à chaque instant :
il est son légitime héritier. (Applaudissemens.)

» Messieurs, nous sommes dans une cité où le travail, uni à la probité, sont les seuls titres à l'estime et à la considération. Nous ne tolérons pas que la fortune soit prisée au-dessus du mérite ; nous souffrons des misères de nos ouvriers, et nous sommes toujours prêts à les soulager au prix des plus grands sacrifices. M. Léon Faucher est le digne représentant d'une telle ville ; M. Léon Faucher, c'est le travail éclairé par l'intelligence et guidé par le cœur. (Applaudissemens.)

» Messieurs, je ne crains pas de le dire hautement, Rheims, en élisant M. Léon Faucher, a fait une grande chose. Rheims a marché sur les traces des villes qui illustrent le plus le pays, des villes où les lumières sont le plus répandues, Paris et Rouen, qui ne demandent pas compte à un candidat du lieu de sa naissance, mais de ses titres à la considération, de ses opinions, de ses principes et de ses actes.

» Qu'on ne vienne plus nous dire maintenant que M. Léon Faucher n'est pas un enfant de Rheims ; il nous appartient par l'adoption la plus légitime et la plus volontaire, par une adoption qui est pour nous un titre de gloire, par une adoption qui nous lie à lui comme elle le lie à nous d'un lien indissoluble. Désormais, ses succès sont nos succès, sa gloire sera notre gloire, son nom nous appartient, nous l'avons enregistré à côté de celui de Houzeau. Ces noms sont inséparables. A M. Léon Faucher, le continuateur de Houzeau-Muiron, le digne représentant de Rheims ! » (Applaudissemens prolongés.)

M. Faucher a répondu à M. David et a remercié l'assemblée au milieu des marques de la plus franche et de la plus cordiale adhésion. L'assemblée était instruite et charmée par la parole si claire, si logique du député, et tous battaient des mains.

« Messieurs,

» Permettez-moi d'exprimer la vive et profonde émotion dont je me sens pénétré. Les paroles que vous venez d'entendre, et auxquelles vous voulez bien applaudir, ont pour moi le double prix de l'assentiment qu'elles rencontrent ici et de l'amitié qui les inspire. Je vous dois déjà beaucoup, messieurs, à vous qui m'avez confié l'honneur de vous représenter dans la chambre ; mais il y a quelque chose encore au-dessus de cet honneur, ce sont les témoignages d'estime et d'affection dont me comble aujourd'hui cette belle réunion. Vous resserrez, messieurs, vous cimentez les liens qu'avaient formés entre nous trois années d'efforts communs, consacrés au service de la même cause. Je n'ai pas d'autre moyen de vous montrer ma reconnaissance, qu'en m'y dévouant sans réserve et pour la vie.

» Lorsque vous êtes venus me chercher pour remplir le vide que laissait, au milieu de vous, la perte d'un grand citoyen, j'avais assurément bien peu de titres à représenter une ville qui avait donné à la France un ministre comme Colbert, un type aussi éclatant de probité et de patriotisme que Drouet d'Erlon, et un député qui portait l'intelligence, le zèle pour le bien et l'amour du devoir aussi haut que Houzeau-Muiron. Quinze ans employés obscurément aux travaux de la presse ne m'avaient permis d'aspirer qu'à cette renommée d'homme de bien que je mets au-dessus de la gloire. Vous m'avez fait sortir de cette obscurité. On ne demandera plus quel est mon nom, messieurs : je suis le député de la ville de Rheims. (Applaudissemens.)

» On vous disait, messieurs, ainsi que M. David le rappelait tout-à-l'heure, que les députés doivent appartenir par la naissance aux colléges qui les nomment. On avait essayé sur vous l'influence des préjugés de localité et de clocher. Si un pareil sentiment pouvait devenir quelque part légitime, ce serait assurément dans une ville qui compte tant d'hommes remarquables. Je n'aurais qu'à regarder autour de moi pour m'étonner d'avoir été préféré à plusieurs citoyens éminens, si je ne savais que je dois uniquemement cette préférence à leur désintéressement politique et à leur modestie. Votre choix, messieurs, m'impose des devoirs dont j'ai mesuré l'étendue. Moins je pouvais y prétendre, plus je dois m'attacher à le justifier par mes services. » (Applaudissemens.)

Le président, au nom du comité et de l'assemblée, a porté un toast à M. Pérignon, qui a répondu avec une modestie pleine de simplicité et de bon goût. Les applaudissemens des spectateurs ont prouvé à ce député de l'opposition combien, dans notre ville de Rheims, il se trouvait de citoyens qui lui savaient gré de sa constance dans ses opinions et de son désintéressement dans sa vie parlementaire. Aussi M. Pérignon a-t-il été couvert de bravos lorsque, d'une voix loyale et consciencieuse, il donnait à l'assemblée l'assurance de la fidélité la plus entière à la cause de l'ordre, de la morale et du progrès, et qu'il se servait de cette heureuse expression, amenée avec bonheur, qu'il ne déraillerait jamais.

Le banquet a été couronné par le toast porté par M. A. David, en l'honneur de M. Emile Dérodé, président du banquet.

« Messieurs, dit-il, notre honorable président veut bien m'accorder la parole ; je m'en sers pour proposer un toast auquel il ne s'attend pas : ce toast sera le sien. (Applaudissemens.)

» Tout-à-l'heure, lorsque M. Dérodé exprimait le regret que

le département de la Marne n'eût pour le représenter à la chambre que deux députés appartenant à l'opposition, M. Faucher a dit : « Il y en aura plus de deux aux prochaines élections. » Quant à moi, je suis heureux d'exprimer hautement le vœu qu'aux prochaines élections M. Dérodé soit l'élu du collége extra-muros. Je suis certain que ce que j'exprime ici en mon nom personnel, je puis le dire au nom de l'assemblée tout entière. (Oui, oui. Applaudissemens unanimes.)

» M. Dérodé est digne d'être le représentant du deuxième collége extra-muros de Rheims. Jeune encore, il a, lui aussi, donné des preuves incontestables de son attachement à ses principes, de sa loyauté et de son désintéressement. Il aurait pu être candidat du premier collége, en concurrence avec M. Faucher. Ses titres à la candidature étaient nombreux et puissans ; il n'a pas voulu l'être. Il a compris que l'union fait la force, il a compris que là où le drapeau d'une opinion était tenu d'une main vigoureuse, c'était un devoir de ne pas disputer l'honneur de le tenir ; il a marché sur les traces de Houzeau, à l'époque de la coalition. En réfusant la candidature à la députation du premier collége, il a prouvé qu'il était digne de l'obtenir.

» Messieurs, cet acte de probité politique et de désintéressement a eu sa récompense : le collége extra-muros de Rheims a adopté M. Dérodé. Son nom, n'en doutez pas, sortira vainqueur de l'urne électorale aux prochaines élections. Le département de la Marne comptera un député de plus appartenant à l'opposition.

» Nous le voyons aujourd'hui à cette place, entre deux députés, nous le verrons bientôt entre deux collègues.

» A M. Emile Dérodé ! au président du comité de l'opposition constitutionelle ! au candidat du collége extra-muros ! » (Vive adhésion et applaudissemens.) L'assemblée s'est séparée à neuf heures et demie.

Une pétition pour la réforme électorale sera prochainement soumise à la signature de nos concitoyens.

L'ordonnance du banquet a pleinement satisfait tous ceux qui ont pu y assister. Les tables étaient dressées sous la tente du jardin Besnard, qui avait été élargie et disposée pour mettre les convives à l'abri de la pluie. Sur un des côtés était la table principale où siégeaient le président du banquet, M. Dérodé, ayant à sa droite M. Léon Faucher, et à sa gauche M. Pérignon, député de la Marne, et successivement M. Garinet, de Châlons, conseiller de préfecture, M. Lapoulle, membre du conseil-général, MM. Prompsy, Demaison, Pasté, Edouard Henriot, membres du conseil d'arrondissement, M. Malotet, maire de Champigny, M. Leroux, lieutenant-colonel de la garde nationale, MM. Mennesson, Soulié, David, conseillers municipaux, et MM. Maldan et Vatel. Cette table, placée sur une estrade, faisait face à trois tables qui s'étendaient dans toute la longueur de la tente, et recevaient sur six rangs le nombre des convives. Deux autres tables s'étendaient sur les côtés; un éclairage brillant, un service remarquable, le choix des mets et des vins ont conquis tous les suffrages, et l'on prodiguait les éloges à ceux de MM. les commissaires qui avaient réglé tous les détails, et surtout à l'ordonnateur du banquet, M. Rouget-Liénard. Une estrade construite dans l'un des bosquets donnait place aux musiciens qui avaient voulu contribuer par leur zèle et leur talent à l'éclat de cette fête patriotique. Le banquet s'est prolongé de sept à neuf heures, et a présenté constamment le coup-d'œil le plus animé et le plus satisfaisant. Nous ne doutons pas que la jovialité des écrivains ministériels ne reproduise aujourd'hui et jours suivans ses épigrammes de commande et ses lazzis d'emprunt qu'avait suscités l'annonce du banquet. Mais, quel que soit le sel attique dont ces messieurs disposent, ils n'arriveront pas, en décriant le banquet réformiste de Rheims, à en atténuer l'effet.

A la suite du banquet, une collecte a été faite au profit des pauvres. Cette collecte a produit 407 francs.

Pendant toute la durée du banquet, une foule nombreuse stationnait aux alentours du jardin Besnard, et accompagnait du chant de la *Marseillaise* la symphonie jouée par les musiciens. A neuf heures et demie, cette foule s'est dispersée paisiblement et en silence.

REIMS, IMPRIMERIE DE E. LUTON.